Manfred Böckl
Peter Ferstl

WEISSE FRAUEN SPUKENDE MÖNCHE

Gespensterplätze
und Sagenorte
in der Oberpfalz

SüdOst Verlag

Die Deutsche Bibliothek - CIP-Einheitsaufnahme

Böckl, Manfred:
Weiße Frauen Spukende Mönche : Gespensterplätze und Sagenorte in der Oberpfalz / Manfred Böckl ; Peter Ferstl. - Waldkirchen : SüdOst Verl., 1997
ISBN 3-89682-008-7

ISBN 3-89682-008-7

Foto S. 59, Burg Stockenfels: Walther Zeitler, Regensburg
Umschlaggestaltung: InForm Verlags Service, Passau

INHALT

VORWORT

Das unerklärliche Phänomen der „Weißen Frau von Wolfsegg" erregte Aufsehen in der internationalen Parapsychologie; selbst aus New York kamen die Geisterjäger, um der gespenstischen Erscheinung in der Burg nordwestlich von Regensburg nachzuspüren. In der genannten uralten Reichsstadt selbst wiederum gibt eine verschlüsselte Botschaft, die im keltischen Portal der Schottenkirche vermutet wird, den Historikern bis heute Rätsel auf. Und in gewissen Sommernächten kann es im Regental bei Nittenau passieren, daß man unversehens auf „Wanderer der Dritten Art" stößt, die zur ebenfalls geheimnisumwitterten Ruine Stockenfels unterwegs sind.

Die Oberpfalz, deren Kulturgeschichte Jahrtausende umgreift und wo einst mehr als sechshundert Burgen standen, ist gerade aus diesen Gründen außerordentlich reich an Sagenorten, Gespensterplätzen und Kultstätten, wobei die Wurzeln oft bis ins Heidentum zurückgehen. In manchen Gegenden stößt man schier auf Schritt und Tritt auf die Faszination des Schauerlichen oder Geheimnisvollen. Bei der Fülle des Materials und aufgrund des Konzeptes eines Text-Bild-Bandes war es deshalb unumgänglich, eine gewisse Auswahl zu treffen.

Im vorliegenden Buch werden hauptsächlich drei große Linien des Rätselhaften angesprochen und von dem Regensburger Fotografen Peter Ferstl im Bild dokumentiert. Es handelt sich zunächst um bis heute existierende Gespensterplätze, wo aus früheren Zeiten unerklärliche Phänomene überliefert sind - oder sich bis in unsere Tage zeigen. Weiter wird eine ganze Reihe von Orten vorgestellt, mit denen besonders interessante und zweifelsfrei dokumentierte Sagen mit geisterhaftem Hintergrund verbunden sind.

Es ist dies die Welt der spukenden Mönche, der lebenden Leichname, der untoten Räuber, der verschollenen Schätze oder auch der beklemmenden Prophezeiungen.
Darüber hinaus hat sich der Autor bemüht, in lange verschüttete metaphysische Bereiche vorzudringen, nämlich zu heidnischen Kultzentren. Neolithische und bronzezeitliche Opferstätten sowie Relikte des keltischen Druidentums konnten wiederentdeckt und in ihrer einstigen Bedeutung beschrieben werden. Gelegentlich stehen solche Plätze mit untergegangenen Siedlungen oder gar Städten - wie etwa der Metropole der vorchristlichen Norisker auf dem Miega-Berg in der nördlichen Oberpfalz - in Zusammenhang.
Heidnische Ursprünge haben auch die „Schrazellöcher“ oder „Erdställe“ vor allem im Chamer Raum, in denen bis in die Neuzeit herauf vermutlich Erdmutter-Rituale stattfanden.
Über den Rahmen des vorliegenden Buches hinaus geben die beigefügten Literaturhinweise interessierten Lesern die Möglichkeit, Erkundungsreisen auf eigene Faust zu unternehmen.

Salzweg, im Sommer 1997
Manfred Böckl

AMBERG

Geist eines blutgierigen Scharfrichters

Nicht Regensburg, sondern Amberg war lange Zeit (1329 - 1810) Hauptstadt der „Oberen Pfalz“, die damals vom rheinpfälzischen Zweig der Wittelsbacher regiert wurde. Die spätmittelalterliche Stadtbefestigung ist fast komplett erhalten; aus dem 15. und 17. Jahrhundert stammt das Neue Kurfürstliche Schloß - und dort ging während des Dreißigjährigen Krieges jener Scharfrichter aus und ein, der zur Strafe für seine wölfische Blutgier bis heute samt seinem beinahe mannshohen Henkersschwert durch das Schloß und andere historische Gebäude geistern soll.

Im Jahr 1634 wurde die Amberger Gegend schwer von den Schweden heimgesucht. Doch der Scharfrichter der Stadt brachte ihnen empfindliche Verluste bei. Ganz allein wagte er sich nämlich mit seinem Richtschwert zu ihnen hinaus. Mit Hilfe seiner teuflischen Zauberkraft machte er sich zu diesem Zweck unsichtbar. Im Schutz seiner Tarnkappe schlug er täglich acht bis zehn Mann auf ungemein grausame Weise tot, bis die Schweden endlich hinter seine Schwarz- kunst kamen. Sie nahmen ihn gefangen und verbrannten ihn lebendig auf dem Scheiterhaufen. Die blutrünstige Seele aber blieb unerlöst und muß unter dem Gelächter Satans bis zum Ende der Zeiten spuken.

Turm am Henkersbergl

Amberger Schloß

BODENREUTH

Der „Drudenstein“ von Bodenreuth

Die kleine Ortschaft Bodenreuth liegt etwa 15 Kilometer südöstlich von Tirschenreuth und ist am besten über Falkenberg zu erreichen. Ein wenig westlich von Bodenreuth findet sich am Rand des „Naturschutzgebietes Waldnaabtal“ direkt bei der Weggabelung der sogenannte Drudenstein. Es handelt sich um einen seltsam geformten Felsen, mit dem sich geheimnisvolle Überlieferungen verknüpfen.

An diesem Ort und ebenso auf dem benachbarten Drudenacker sei es nicht geheuer. Immer wieder habe man seltsame Erscheinungen beobachtet: gespenstisch wandernde Schatten und treibende Lichter. Diese Phänomene würden sich zeigen, weil der Drudenstein einst ein Opferaltar keltischer Druiden gewesen sei.

Nun haben zwar die Druiden (das keltische Wort bedeutet: die großen Wissenden) mit Sicherheit keine grausamen Opferrituale praktiziert, sondern waren sehr menschenfreundliche Philosophen, Lehrer und Heilkundige. Dennoch könnte der „Opferaltar“ bei Bodenreuth in keltischer Zeit große metaphysische Bedeutung besessen haben – nämlich als sogenanntes Schlangenei. Die ungewöhnlich gegliederte Oberfläche des Felsens hätte dann symbolisch für die enge Verflechtung aller Aspekte des Lebens gestanden: ganz so, wie Schlangen sich verknäueln. Da solch besondere Steine zudem stets mit Plätzen verbunden sind, wo außergewöhnliche geomantische Verdichtungen (Erdkräfte) nachweisbar sind, könnten die „gespenstischen Phänomene“ genau davon herrühren.

Geheimnisvoller „Drudenstein“

CHAM

Schätze im Ödenturm von Chameregg

Verwunschen steht auf einer Anhöhe vier Kilometer östlich von Cham über der Ortschaft Chameregg ein uralter ruinöser Turm. Der immer noch 20 Meter hohe Bergfried aus dem 12. Jahrhundert, der einst als letzte Verteidigungsposition der hochmittelalterlichen und im 14. Jahrhundert wieder geschleiften Burg diente, heißt im Volksmund Ödenturm. Der Name bezieht sich entweder auf seine einsame Lage, erinnert vielleicht aber auch an die frühere Funktion des Bauwerks als (ödes, schauriges) Verlies, wo leibeigene Bauern oder kriegsgefangene Ritter verschmachteten. Längst ist das Geschlecht der Chamerauer, das hier einst herrschte, ausgestorben, doch vor seinem Untergang soll es beim Ödenturm Gold und Silber verborgen haben:

Von der Ruine heißt es, daß unter dem Wallgraben noch geheime Gewölbe mit Schätzen lägen. Ein Beweis sei der hohle Widerhall, wenn man zu einer günstigen Stunde die betreffende Stelle finde und über sie gehe. Auch seien dort früher manchmal Goldmünzen gefunden worden, und wer sich von den Geistern des Ortes nicht fürchte, könne auch heute noch Glück haben.

Es ist in der Tat nicht ausgeschlossen, daß ein unterirdischer Gang tief im Hügel zu längst verschütteten Kellergeschossen der ehemaligen Burganlage läuft und sich dort unten gespenstische Geheimnisse verbergen.

Der Ödenturm

CHAMMÜNSTER
Totenschädel und Spuk

Die Fundamente der Kirche von Chammünster wurzeln im 8. Jahrhundert; das ihr damals angeschlossene Mönchskloster ging während der Ungarnstürme vor rund tausend Jahren unter – in einer grauenhaften Blutorgie, wie es heißt.

Nördlich der Kirche steht ein doppelstöckiges Beinhaus aus dem 12. Jahrhundert. Der Karner beherbergt eine Unmenge von teils uralten Totenköpfen, deren Anblick dem Besucher eiskalte Schauer über den Rücken jagt. In riesigen Haufen liegen die skelettierten Schädel da: glotzende Augenhöhlen, aufgerissene Kinnladen – ein Szenario wie aus einem Horrorfilm, aber in diesem Fall schaurige Realität.

Die vielen hundert Totenköpfe sollen genau das Zentrum einer einstmals sehr großen, heute versunkenen Stadt bezeichnen, die sich in dunkler Vorzeit bis zum heutigen Cham und nach Osten bis Chameregg ausdehnte. Möglicherweise handelte es sich dabei um eine vorchristliche slawische Metropole; archäologische Funde in der Gegend weisen darauf hin. Und auch eine Sage, wonach tief in der Erde ein gigantisches Fischungeheuer verborgen sei, könnte ihren Ursprung in heidnischen Vorstellungen haben.

Bis heute ist es beim Beinhaus alles andere als geheuer. Alte Leute aus der Gegend haben von geisterhaften nächtlichen Lichterscheinungen in und um den Karner berichtet. Ebenso von anderen Phänomenen, wie unerklärlichen eisigen Berührungen und furchteinflößenden Geräuschen, die durch das Mauerwerk drängen. Besonders zur Allerseelenzeit, aber auch in den Nächten kurz vor Voll- oder Neumond soll es auf dem uralten Kirchenareal von Chammünster spuken.

Totenschädel im Karner von Chammünster

CHAMERAU

Die gebannten Raubritter von Chamerau

Eine Reihe sagenumwobener Felsen liegt etwas außerhalb des Ortes Chamerau (sieben Kilometer südöstlich von Cham) im Regen. Es soll sich bei ihnen keineswegs nur um ein Naturdenkmal, sondern vielmehr um versteinerte Unholde handeln. Ein verbrecherischer Ritter von der Burg Chamerau, dem Stammsitz des gleichnamigen Geschlechts, das vom 11. bis zum 15. Jahrhundert im Bayerischen Wald sehr mächtig war, ist zusammen mit seinen Kriegsknechten laut Volksüberlieferung in den Findlingen festgebannt:

Der Ritter von Chamerau hatte ein Auge auf eine schöne Müllerstochter geworfen; die wies ihn jedoch ab. Also faßte er den Entschluß, sie mit Gewalt zu nehmen. Als die Maid eines Tages auf einer Wiese am Regen Linnen bleichte, wollte der Ritter mit Unterstützung seiner Raubknechte über sie herfallen, doch wiederum floh die Müllerstochter. Die wüste Rotte jagte sie, bis sie am Regenfluß in die Enge getrieben war. Ehe der Chamerauer sie aber packen konnte, stürzte sich die Jungfrau verzweifelt in die Fluten. Die waren barmherziger als die Menschen und trugen sie zu einer Untiefe, wo sie festen Fuß fassen konnte. Doch auch in den Fluß setzten die Verfolger ihr nach – bis sie sich plötzlich durch den Zorn Gottes in eine Reihe großer Steine verwandelten. Diese Steine liegen heute noch bei Chamerau im Regen.

Versteinerte Raubritter im Regen

CHAM/RUNDING

Federfuchser und Oferschreier

Etwa sechs Kilometer östlich von Cham finden sich auf dem Rundinger Schloßberg die Überreste einer aus dem 12. Jahrhundert stammenden Burg. Im 15. und 16. Jahrhundert, als hier die Freiherren Nothaft von Weißenstein herrschten, galt sie als eine der stärksten Festungen des Bayerischen Waldes. 1829 geriet die Burg ins Eigentum des bayerischen Staates und wurde auf Abbruch verkauft. Doch zwei Schloßgespenster sollen sich nach wie vor in der Ruine aufhalten, wie die Volksüberlieferung berichtet:

Täglich um Mitternacht sah man in der Kanzlei des Schlosses ein andersweltliches eisgraues Männlein sitzen. Der Federfuchser schrieb und siegelte ununterbrochen vom Schlag der Geisterstunde bis zum ersten Hahnenschrei, dann verschwand er wie ein Schemen wieder. Noch unheimlicher als der Schreiber war der Ofenschreier. Dieses Gespenst tauchte nach Sonnenuntergang in den verfallenen Gängen auf. Der rauhborstige Kerl trug klirrende Sporen und einen rasselnden Säbel. Er untersuchte die uralten Feuerstellen und fluchte grausam, wenn sie nicht richtig brennen wollten.

Mit dem Abriß der Burg sollen die Geistererscheinungen seltener geworden sein. Aber noch immer ist es zwischen den Rundinger Ruinentrümmern nicht ganz geheuer; zumindest schattenhaft sollen der Federfuchser und der Ofenschreier beim Mondwechsel oder in den Rauhnächten auch heute noch umgehen.

Detail der Spukruine

Schloßberg in Runding

CHAM/KÜRNBERG

Der Rotmantel von Kürnberg

Etwa zehn Kilometer nordwestlich von Cham liegt oberhalb der Ortschaft Stamsried die im 14. Jahrhundert erbaute und im Dreißigjährigen Krieg zur geheimnisvoll-romantischen Ruine gewordene Burg Kürnberg. Noch sehr gut erhalten sind die Vorburg mit Torbau und Turm, der Palas im inneren Hof sowie Teile der Schildmauer. Und auf dieser Rundmauer, wie sie in der Erinnerung der Bevölkerung an den früheren Bauzustand heißt, treibt ein Gespenst sein Wesen.

Ein erzaltes kleines Männlein geistert hier. Es trägt einen roten Mantel und wandert wieder und wieder im Kreis über den Wall. Der Name des Gespenstes lautet Rotmantel. Es ist nicht gefährlich und zeigt sich stets zu den heiligen Zeiten.

Mit diesen „heiligen Zeiten“ müssen nicht unbedingt die hohen christlichen Feiertage wie Ostern oder Weihnachten gemeint sein. Eher deutet die archaisch wirkende Bezeichnung in Verbindung mit dem Gehen im Kreis und der Mantelfarbe (Rot ist die Farbe des „Erddrachens“, der Lebenskraft der Erde) auf bestimmte Tage oder Nächte hin, die im keltisch-heidnischen Jahreskreislauf Bedeutung haben. Die heiligen Zeiten wären dann Sommer- und Wintersonnenwende sowie das Äquinoktium im Frühjahr und Herbst.

Rundmauer von Kürnberg

DIETFURT

Teuflische Schachspieler auf Wildenstein

Gleich östlich der Stadt Dietfurt stand im Mittelalter die Burg Wildenstein; heute befindet sich an ihrer Stelle ein Schlößchen in Privatbesitz. Über der Straße direkt bei diesem Palais ragt ein gewaltiger Felsklotz empor, und dort geht ein Gespenst um:

Einst saß der Ritter Jobst von Wildenstein mit seinem Knappen beim Schachspiel. Berauscht vom Wein, stieß er die Figuren vom Brett. Der Knappe stellte sie wieder auf, doch der Wildensteiner erklärte, sie stünden nun anders als zuvor. Als der Knappe widersprach, ergrimmte der Ritter und schlug seinem Gefolgsmann mit der schweren Weinkanne den Schädel ein. Bald aber packte ihn die Reue, und er ritt zum Dietfurter Kloster, um sich dort Rat zu holen. Es wurde ihm versprochen, daß ein Mönch zu ihm auf die Burg kommen werde.

Am Abend erschien ein Mönch. Er tröstete den Ritter damit, daß er ihm am nächsten Tag die Beichte abnehmen werde. Vorerst aber kam erneut das Schachbrett auf den Tisch – und seltsamerweise ging alles genau so vor sich wie am letzten Abend. Der Ritter stieß die Figuren vom Brett, und der Mönch plazierte sie danach angeblich falsch, so daß der Wildensteiner wiederum vom Grimm gepackt wurde und seinem Mitspieler den Schädel einschlagen wollte. Doch diesmal wurde der tödliche Hieb aufgefangen. Dabei jedoch verrutschte dem Mönch das Käppchen – statt der Tonsur sah der Ritter zwei Hörner. Der Teufel packte ihn, fuhr mit ihm durchs Fenster hinaus und warf ihn dort gegen den Felsen, der hoch über der Straße aufragt. Seit damals spukt der Wildensteiner: Immer wieder zeigt er sich mit seinem Schachbrett auf der Felsplatte.

Spukfelsen von Wildenstein

EICHHOFEN
Ruhelose Ritter in der Höhlenburg

In Eichhofen (Abfahrt Nittendorf an der A 3 Parsberg-Regensburg) befindet sich eine der ganz seltenen Höhlenburgen Deutschlands. Man erreicht die Ruine Loch (12. Jahrhundert) mit dem weithin sichtbaren Turm schnell vom Ortskern aus; der Aufstieg ist allerdings nicht ganz bequem. Doch die Faszination der mehrfach gegliederten Höhle mit ihren Kavernen, den im Mittelalter ausgemauerten Kammern und Verliesen sowie dem Lichtschacht in der Decke entschädigt dafür. Am interessantesten ist aber der vorgesetzte Bergfried, bei dessen Öffnung im 18. Jahrhundert die Skelette zweier auffallend großer Männer gefunden wurden.

In der Überlieferung heißt es, der letzte Burgherr und sein Sohn hätten sich, nachdem die Festung selbst bereits gefallen war, in den Turm zurückgezogen und dort so lange ausgehalten, bis sie in ihrem selbstgewählten Kerker verhungert seien. Nach ihrem Tod hätten die abziehenden Feinde den Zugang zum Bergfried vermauert. Die beiden Toten, welche damit kein christliches Begräbnis erhalten hätten, würden seither als ruhelose Seelen durch die Ruine geistern.

Bis herauf zur Gegenwart sollen sich die untoten Ritter manchmal noch auf dem Burgberg oder in den Klüften der Höhle zeigen – und in der Tat umgibt vor allem den wuchtigen Turm eine unheimliche, bedrohliche Aura.

Bergfried Loch

ESCHENBACH
Hundert spukende Mönche

Etwa sieben Kilometer nördlich von Eschenbach liegt das Prämonstratenserkloster Speinshart, das bereits 1145 gestiftet wurde. Die Kirche schwelgt in barockem Überschwang; Fresken zeigen legendenhafte Szenen aus dem Leben des Ordensgründers Norbert von Praemontre sowie des Stifters Adelvolk von Reifenberg. Sehenswert sind auch Grabmäler von Adligen und Klerikern des 16. bis 18. Jahrhunderts. Trotz aller architektonischen Pracht soll es jedoch weder in der Klosterkirche noch anderswo in dem uralten Gemäuer geheuer sein:

Einmal ging der Nachtwächter zu Speinshart, um die Mitternacht auszurufen. Da sah er, daß die Klosterkirche von unzähligen Lichtern erleuchtet war. Niemals zuvor in den fünfzig Jahren, in denen er seinen Dienst schon versah, hatte er eine derartige Erscheinung wahrgenommen. Neugierig kletterte er an einem Fenster hoch und spähte in die Kirche. Er sah mehr als hundert Mönche mit brennenden Kerzen. Es waren totenbleiche, schreckbare Grabesgestalten, bei deren Anblick es den Nachtwächter eiskalt überlief. Mit dem Glockenschlag eins verschwand die Erscheinung, und der Nachtwächter stieg halb ohnmächtig wieder zur Erde herunter.

Die spukenden Mönche sollen sich zur Geisterstunde gelegentlich noch immer zeigen, wie der Volksmund behauptet.

Prämonstratenserkloster
Speinshart

ESCHENBACH
Verschollene Stadt und Spuk auf dem Miega-Berg

Etwa eine Wegstunde nördlich von Eschenbach liegt jenseits des Flüßchens Haidennaab der Miega-Berg. Auf dessen rauher, oft windumpfiffener Hochfläche ist eine uralte Sage angesiedelt:

Auf der Miega oder Megga stand einst eine mächtige Stadt gleichen Namens. Immer wieder stoßen die Bauern beim Pflügen auf Reste von Grundmauern, Pfählen oder Klammern. Denn hier ist die Residenz des Noricus, des ersten Noriskerfürsten, gewesen.

Noricus war ein sagenhafter Keltenfürst des 5./4. Jahrhunderts v. d. Z.; nach dem Volk der Noriker wurde die spätere römische Provinz Noricum benannt. Hochinteressant ist, daß die Sage hinsichtlich der erst viel später archäologisch erfaßten keltischen Festungsbauweise – mit Steinen verfüllte palisadenummantelte Erdwälle, die durch Eisenklammern verstärkt waren – sehr präzise Angaben liefert.

Einen schaurigen Fund machte man 1992 bei Kanalarbeiten im Umfeld der abgebrannten Wallfahrtskirche (18. Jahrhundert) auf dem unmittelbar benachbarten Barbaraberg (vor Ort nach dem Weg fragen). Es kamen 37 Skelette aus dem 10. Jahrhundert mit ungewöhnlichen slawischen Grabbeigaben zutage, die offenbar um eine längst verschollene Kirche beigesetzt worden waren. Vielleicht sind diese rätselhaften Grabstätten die Ursache für den Spuk auf dem Miega-Berg:

Bis heute hören Umwohner angeblich den Klang einer Geisterglocke aus dem Berg dringen. Der Lärm komme von einer ganz bestimmten Stelle nahe eines Dornenstrauchs, und wenn man diesen Platz nächtens betrete, verirre man sich rettungslos und könne sich bis zum Morgen nicht mehr aus der Gespensterwelt befreien.

St. Barbara, Westfassade

ETTERZHAUSEN

„Räuberhöhle“ von Etterzhausen

Das verwunschene Etterzhausen liegt etwa acht Kilometer westlich von Regensburg; auf einem Wanderweg vom ehemaligen Hammerschlößchen aus erreicht man nach etwa 15 Minuten die „Räuberhöhle“ hoch im Felsenufer der Naab. Es handelt sich um eine gigantische Kalksteingrotte, mit der sich mehrere schaurige Überlieferungen verbinden.

Einst soll die Höhle ein heidnisches Heiligtum gewesen sein, in der magische – vielleicht schamanische – Rituale stattgefunden haben. Tatsächlich beweisen archäologische Funde, daß die Grotte bereits in der Jungsteinzeit begangen wurde.

Im Mittelalter ragte auf dem Felsen über der Höhle eine Burg empor. Einer ihrer Besitzer lockte einen rivalisierenden Ritter in die Höhle, indem er ihm vorgaukelte, es sei dort ein Schatz vergraben. Nachdem der Fremde durch den – damals noch sehr engen – Schlupf eingedrungen war, empfing ihn sein Todfeind in voller Rüstung und ermordete den nicht Gewappneten in einem ungleichen Kampf. Doch dabei wurde auch der Etterzhausener verwundet, konnte seinen Panzer nicht mehr abschnallen und deshalb die Höhle nicht wieder verlassen. Qualvoll mußte er bei der Leiche verschmachten – seitdem spukt er in dem Stein-dom. Tief im Grottengrund sollen noch immer seine und seines Opfers Gebeine sowie Waffenteile liegen; angeblich fährt in bestimmten Spuk-nächten ein Eisenhandschuh aus dem Boden.

Ferner heißt es, daß in der Etterzhausener Höhle auch Räuber hausten, welche ihre Opfer dort gefangenhielten und folterten, ehe sie selbst ein schreckliches Ende durch den Scharfrichter fanden.

Etterzhausener Höhle

FURTH IM WALD

Schrazelhöhlen in Arnschwang

Der Ort liegt etwa fünf Kilometer südlich von Furth in Richtung Cham. Dort faszinieren, meist unter sehr alten Bauernhöfen, mehrere Schrazelhöhlen mit bis zu 1,7 Meter hohen und 50 Zentimeter breiten Gängen. (Besichtigung nach Vereinbarung auf der Gemeinde, Information gibt es eventuell auch von den Einheimischen in den Gasthäusern.)

In den Höhlen und Gängen, die angeblich von Zwergen (Schrazeln) erbaut wurden, befällt den Besucher ein nie gekanntes Gefühl. Die engen, modrigen Schlupfe scheinen einen zu erdrücken, doch jenseits der zwängenden Durchstiege entsteht ein unglaubliches Gefühl der Befreiung – es ist, als werde man auf geheimnisvolle Weise neu geboren und streife dabei psychische Verspannungen und Ängste ab.

Deswegen trifft vermutlich auch die ohnehin umstrittene Theorie nicht zu, wonach die Schrazelhöhlen oder Erdställe in Kriegszeiten früherer Jahrhunderte als Verstecke und Fluchtgänge dienten. Wahrscheinlicher ist die Erklärung, wonach sie ab etwa dem 11. Jahrhundert (der Zeit der endgültigen Christianisierung Ostbayerns) Schauplatz heidnischer Erdmutterkulte und Wiedergeburtsriten waren, die von da an nur noch im verborgenen stattfinden durften.

(Nähere Informationen gibt es im Heimatmuseum von Walderbach bei Roding, Landkreis Cham, wo eine solche Anlage nachgebaut wurde und begangen werden kann.)

Eingang eines Schrazellochs

KALLMÜNZ

Keltische Aura auf dem Burgberg

Der Markt Kallmünz, etwa 20 Kilometer nordwestlich von Regensburg am Zusammenfluß von Vils und Naab gelegen, zählt zu den eindrucksvollsten Orten Ostbayerns. Malerische Juralandschaft und interessante historische Zeugnisse begegnen sich hier. Auf einem schroffen Kalksteinfelsen steht über den Dächern des Marktes die gut erhaltene Ruine einer im frühen 13. Jahrhundert erbauten Wittelsbacher-Burg, die 1641 zerstört wurde. Erhalten sind der begehbare Bergfried mit seiner düsteren und bedrohlichen Ausstrahlung im Inneren, eine hohe Palasmauer, Reste der Kapelle, der Brunnen sowie Teile des Berings. Im Stumpf eines der Kanonentürme wurde in den 80er Jahren eine Regimentskasse aus dem Dreißigjährigen Krieg – allerdings leer – gefunden.

Nördlich der Burg (nach dem mittelalterlichen Torbau links) ist zudem eine keltische Wallanlage bewahrt geblieben. Noch immer wuchtig zieht sich die halbmondförmig geschwungene Aufschüttung den Berg entlang; der seltsam still daliegende Platz am Rand einer steindurchsetzten Heide besitzt eine ganz besondere Ausstrahlung. Keltischer Geist scheint über den Abgrund der Jahrhunderte hinweg wieder greifbar zu werden – buchstäblich dort, wo bis heute vom Unkraut überwucherte Schlackenhügel der vorchristlichen Schmiede mit ihren sagenhaften Fähigkeiten liegen. Die Einheimischen haben große Ehrfurcht vor diesem Ort und tasten ihn nicht an, weil sie fürchten, sonst den Zorn der vor mehr als zweitausend Jahren ebenfalls hier in der Nähe lebenden Druiden auf sich zu ziehen.

Palas von Kallmünz

KALLMÜNZ
Mordstein auf der Naabbrücke

An der rechten Brüstung der Kallmünzer Naabbrücke (ortseinwärts gesehen) ist ein doppeltes Steinkreuz eingemeißelt. Eine Sage erinnert an eine furchtbare Bluttat, die sich im Mittelalter genau an dieser Stelle zutrug:

In jedes der Kreuze ist ein Zeichen eingegraben. Das eine Zeichen bedeutet eine Schere, das andere ein rundes und ein langes Brot. Denn an dieser Stelle hat vor langer Zeit einmal ein Schneider einen Bäcker erstochen, und zur ewigen Erinnerung an die Mordtat wurde der Kreuzstein in die Brücke eingemauert.

Bei der Steinplastik handelt es sich um eine sehr seltene Form sogenannter Sühnekreuze. Noch bis zum späten Mittelalter wurden Morde nach altem germanischem Recht nicht unbedingt mit dem Tod des Täters gesühnt. Vielmehr konnte der Schuldige der Strafverfolgung entgehen, wenn er einerseits die Angehörigen des Ermordeten materiell entschädigte und andererseits eben ein Sühnekreuz am Ort des Verbrechens aufstellen ließ.

Dies ist nach der Bluttat auch auf der Naabbrücke zu Kallmünz geschehen. In den Sühnekreuzen aber soll nach dem Glauben der alten Zeit die Seele des Opfers – also des Bäckers – ihre Ruhestätte gefunden haben, so daß die außergewöhnliche Steinplastik bis heute von der jenseitigen Aura des Erstochenen durchdrungen wäre.

Mordstelle auf der Brücke

KASTL

Festgebannter Klosterrichter

Das Benediktinerkloster von Kastl zählt zu den bedeutendsten Anlagen dieser Art im süddeutschen Raum und hat eine mehr als tausendjährige Geschichte. Bereits im 9. Jahrhundert entstanden die ersten Sakralgebäude im Bereich einer Burg auf dem Bergrücken über der Lauterach. Die eigentliche Klostergründung erfolgte 1103 durch Graf Berengar I. von Sulzbach und dessen Gattin Luitgard; die Basilika wurde 1129 eingeweiht.

In einer Steintafel an der Rückwand der Basilika soll laut Sage ein ehemaliger Klosterrichter festgebannt sein:

Als die Kirche erbaut wurde, kamen von überall her die Arbeiter, und jeden Tag mußte der Klosterrichter die Bauleute entlohnen. Jeder Mann sollte für seine Arbeit einen guten Silberpfennig bekommen. Täglich holte der Klosterrichter den Beutel mit den Pfennigen vom Abt, dann aber stahl er sich damit in seine Werkstatt und schlug auf dem Amboß aus jeder Münze zwei. Mit den schlechten Pfennigen bezahlte er die Arbeiter, die guten behielt er selbst. Aber der Abt kam ihm auf die Schliche und drohte ihm mit der Strafe Gottes. Darüber lachte der Klosterrichter zuerst nur, doch dann verging ihm das Lachen, denn aufgrund eines schrecklichen Mirakels wurde er ganz langsam zu Stein und blieb in dieser Gestalt für alle Zeiten in der Kirchenmauer festgebannt.

Versteinerter Richter

KASTL
Mumie einer Kaisertochter im Barockschrank

Die Basilika des Klosters Kastl ist mit einem „Paradies" ausgestattet: einer Halle vor dem eigentlichen Portal. Dort befinden sich zahlreiche Grabmäler sowie ein Barockschrank mit makabrem Inhalt. Er beherbergt nämlich den mumifizierten Leichnam der Tochter Anna Ludwigs des Bayern aus dem 14. Jahrhundert. In einem Schrein daneben werden die aus dem 12. Jahrhundert stammenden Gebeine der Klosterstifter aufbewahrt. Die Beisetzung innerhalb von Kirchen war im Mittelalter ein Privileg des Hochadels, und die Angehörigen nahmen nach deren Tod oft weite Transportwege in Kauf, um einen Verstorbenen zu jenem Sakralbau zu bringen, zu dem er eine besondere Beziehung hatte. Dies war sicher auch im Fall der Kaisertochter Anna so, die bis heute auf wahrlich gespenstische und abstoßende Weise aus ihrem blasphemisch anmutenden Gehäuse grinst.

Im Zusammenhang mit der Überführung der möglicherweise eingesalzenen oder geräucherten Leiche der Kaisertochter nach Kastl könnte folgende, nahebei angesiedelte Lokalsage stehen, in der eine dunkle Erinnerung an den Transport, bzw. eine Rast der den Kadaver begleitenden Fuhrleute festgehalten ist:

Zwischen Kastl und Sulzbach ist der bewaldete Schwarzenberg. Über diesen Berg führte eine Römerstraße von Ursensollen her. Mitten im Wald stand einst eine uralte, schwarz gewordene Figur auf einem kleinen Gemäuer. Sie war einer Mumie ähnlich, und man hielt sie für ein Götzenbild. Bis heute ist diese Stelle gefürchtet.

Mumie in Kastl

KROTTENSEE
Der Rabenfelsen

Krottensee (ganz in der Nähe befindet sich die bekannte Maximiliansgrotte) liegt etwa 20 Kilometer nordwestlich von Sulzbach-Rosenberg. Von Krottensee aus erreicht man das winzige Auerbach-Ranna und dann den Weiler Rabenstein über dem Pegnitztal. Nach kurzem Fußweg ragt der gewaltige Felsturm 37 Meter hoch über der Flußleite auf. Die verkrüppelten Kiefern ganz oben kennzeichnen eine prähistorische Opferstätte.

In der Urnenfelderzeit (1300 - 800 v. d. Z.) dienten derartige Felstürme als sakrale Plätze. Etwa ein Dutzend solcher Stätten sind in Südostdeutschland nachgewiesen, doch in der Oberpfalz ist der Rabenfelsen einzigartig. Die Menschen der damaligen Epoche verehrten die Sonne als Göttin und brachten ihr Gaben in Form von tierischer und pflanzlicher Nahrung sowie Schmuck und Waffen dar. Die geopferten Gegenstände wurden von ausgewählten Kletterern auf den höchsten Punkt des Steinturmes getragen und dort abgelegt. Keramikfunde, die von den Archäologen auf dem Plateau des pilzförmigen Rabenfelsens gemacht wurden, beweisen es.

Doch auch in keltischer und germanischer Zeit scheint der Stein seine metaphysische Bedeutung beibehalten zu haben, wie der tradierte Name verrät. Denn die Raben waren dem keltischen Lug und ebenso dem germanischen Odin zugeordnet; sie standen für die Weisheit und Hellsehergabe dieser heidnischen Götter. Der Rabenfelsen bei Krottensee ist damit eines der großen alten Heiligtümer Ostbayerns, und sensible Menschen meinen gerade in unseren Tagen wieder seine sakrale Kraft zu spüren.

Der Rabenfelsen
bei Krottensee

LAABER
Spuk im Leichtlgarten

Der kleine Ort mit seiner Burgruine liegt zwischen Regensburg und Parsberg nahe der A 3 in malerischer Position über der Schwarzen Laaber. Die Festung wird bereits 1118 urkundlich erwähnt; gut erhalten sind ein gotischer Torbau mit Zwinger und die „Burgschale“ aus himmelstürmendem Mauerwerk. Im 14. Jahrhundert lebte hier der Minnesänger Hadamar III. von Laaber. Der Epitaph seines Nachfahren Hadamar IV. (verstorben 1420) findet sich in der Jakobskirche des teilweise noch ummauerten ehemaligen Burgdorfes. Nahe des erhaltenen Torturmes liegt eine Kapelle, an die sich einst ein Friedhof - der heutige Leichtlgarten - anschloß. Die Sage schildert ein grausiges Verbrechen, das sich hier ereignete:

Zur Reformationszeit war der Markt Laaber halb katholisch und halb evangelisch. Die Katholiken besaßen die Kirche St. Jakob, während die Protestanten in der Kapelle vor dem östlichen Tor beteten. Gleich daneben lag die Leichtlschmiede, und in deren Garten befand sich der evangelische Friedhof. Nun lebte aber damals in Laaber ein protestantischer Prediger, der bei seinen Gegnern sehr verhaßt war. Deshalb beschlossen sie, ihn mit vergiftetem Fleisch zu ermorden. Doch statt des Pfarrers fraß dessen Katze das Fleisch, und so wurde der Prediger noch einmal gerettet. Wenig später aber überfielen ihn seine Feinde, fesselten und knebelten ihn und vergruben ihn lebendigen Leibes auf dem protestantischen Friedhof. Und seit dieser Zeit spukt der Ermordete im Leichtlgarten.

Der Leichtlgarten

LEUCHTENBERG
Die Weiße Frau in der Burgruine

Die Burgruine Leuchtenberg liegt fünf Kilometer südwestlich von Vohenstrauß. Bei den Führungen wird eine Stelle gezeigt, wo eine Frau in einem Kerkergrab lebendig eingemauert worden sein soll. Die Sage schildert das grausige Geschehen:

Ein schönes Burgfräulein auf dem Leuchtenberg hatte sich heimlich mit einem Edelknaben eingelassen. Zur Strafe wurde die junge Frau lebendig in einem Burgverlies eingemauert. Zu Zeiten geistert das unglückliche Fräulein in einem weißen Kleid durch die Burg. Der Edelknabe aber wurde an dem Platz gehenkt, wo jetzt der Kalte Baum steht.

Prophezeiung vom Kalten Baum

Mit dieser Steinlinde bei einem Einödhof nahe Leuchtenberg ist eine erschreckende Prophezeiung verbunden: Sybilla Weis (eine Hellseherin des 17. Jahrhunderts) hat den Baum gepflanzt und von ihm ausgesagt:

Wenn einer seiner Äste stark genug sein wird, um einen gepanzerten Reiter zu tragen, dann werden riesige Heersäulen aus Ost und West hier zusammentreffen. Eine furchtbare Schlacht wird stattfinden, und das Würgen wird bis zur Mitternachtsstunde dauern. Solch arges Blutvergießen wird entstehen, daß es die Mühle im Tal bei Lind treibt. Die toten Rosse werden den Boden bedecken, soweit das Auge reicht, und den Greuel einer Pest verbreiten, wie die Welt sie noch nie gesehen hat. Alles Volk und Vieh fällt ihr zum Opfer. Doch später wird ein Hirte heranziehen und in dem Baum Wohnung nehmen; seine Nachkommen werden das öde Land neu bevölkern.

Ruine Leuchtenberg

LEUCHTENBERG

Das Butterfaß des Teufels

Am Rand von Leuchtenberg (eventuell vor Ort nach dem Weg fragen) liegt unmittelbar an der Straße ein kleines Waldstück, in dem sich mehrere große Felsen verbergen. Eine kleine Steintreppe führt zu der Formation hinauf. Der größte Stein, der im Volksmund als „Butterfaß des Teufels" bezeichnet wird, ist mit einem eingemeißelten Kreuz versehen.

Die Überlieferung berichtet, daß dadurch während der christlichen Missionierung der Oberpfalz die Geister dieses Ortes gebannt worden seien, die noch aus jener Zeit gestammt hätten, da Leuchtenberg von den Heiden erbaut worden sei. Aber manchmal könne man in den Felsen wieder die Kochkessel jener Menschen auftauchen sehen – und auch ein Bildnis in der Burg, das eine auf einem Igel sitzende Jungfrau zeige, erinnere noch an diese Epoche.

Gerade wegen dieser Details ist die Sage sehr aufschlußreich, denn sie dokumentiert den Platz (wie oft in solchen Fällen) als eine heidnische Kultstätte. Die „Jungfrau auf dem Igel" ist nämlich nichts anderes als die Große Göttin in Verbindung mit der strahlenden Sonne, und die „Kochkessel" oder „Butterfässer" beinhalten die Erinnerung an die Opferschalen, die sich einst in den Felsen (oder Schalensteinen) befanden und vermutlich noch heute archäologisch nachzuweisen wären. Wir haben es also bei den Felsen von Leuchtenberg mit einem vorchristlichen Sonnenheiligtum (ähnlich wie in Krottensee und Tirschenreuth) zu tun: einem kleinen „Stonehenge der Oberpfalz".

Kultfelsen
in Leuchtenberg

NABBURG

Bärentragende Göttin in Perschen

Perschen liegt drei Kilometer nördlich von Nabburg. Neben der Kirche steht eine kreisrunde, 1160 erbaute Friedhofskapelle, in der sich ein unterirdisches Beinhaus befindet. Im Sakralraum selbst sind romanische Fresken zu sehen, doch das interessanteste und geheimnisvollste Detail befindet sich an der Friedhofsmauer rechts neben dem Eingang zum Freilichtmuseum Neusath-Perschen. Es handelt sich um eine stark verwitterte archaische Steinplastik, die eine große Frau darstellt, auf deren Rücken ein Bär hockt. Mit der Figur ist eine aus heidnischen und christlichen Motiven komponierte Sage verknüpft:

Von Nabburg her kamen einst drei Schwestern; zwei weiß, die dritte ganz schwarz. Ihnen folgte ein schwarzer Hund. Als sie zum Platz kamen, welcher „Die Linden" heißt, lief ein Bär aus dem Wald und sprang einer der weißen Schwestern auf den Rücken. Vergeblich versuchte sie ihn abzuschütteln; sie mußte ihn schleppen, bis sie die Kapellenmauer in Perschen erreichte. Dort gelobte sie, den Turm bauen zu lassen, und erst dann verschwand der Bär. Später wurde in die Friedhofsmauer ein Stein eingelassen, auf dem die Jungfrau mit dem Bären zu sehen ist.

Die drei geheimnisvollen Schwestern stellen die Dreifache Göttin der Kelten und Germanen dar, die sowohl in der Gestalt von junger Frau und Mutter (weiß) als auch einer Greisin, die um den Tod weiß (schwarz), auftritt und im Gefolge den rennenden Hund (Wiedergeburt) hat. Durch die Christianisierung (Bär) wurde die Göttin bedrängt und mußte sich – so jedenfalls die christliche Wunschvorstellung, welche die alte Metaphorik überlagerte – durch den Kapellenbau unterwerfen.

Verwitterte Skulptur

Nabburger Friedhofskapelle

NEUMARKT

Kirchenruine Gnadenberg

Der Ort liegt zwölf Kilometer nördlich von Neumarkt und beherbergte einst das älteste (1426 gegründete) Brigittenkloster Süddeutschlands. 1635 wurde die gesamte Anlage von den Schweden zerstört und ist seitdem Ruine. Dennoch wirkt das Kloster noch immer imposant, es zählt außerdem zu den ganz wenigen Kirchenruinen Deutschlands. Erhalten sind drei Umfassungsmauern aus Rotsandstein, dazu dreiteilige, jeweils zu einem Spitzbogen vereinigte Maßwerkfenster des späten Mittelalters. Außerdem findet sich in der Südostwand der Grabstein des Ritters Martin von Wildenstein (verstorben 1466), auf dem der Burgherr (Sage vom Schachspieler auf Wildenstein bei Dietfurt) mit Panzer, Banner, Helm und Schwert in Lebensgröße zu sehen ist. Doch auch in Gnadenberg gibt es ein Gespenst, nämlich eine Weiße Frau:

Die Gattin des Neumarkter Pfalzgrafen, Katharina von Pommern, wurde in der Gnadenberger Klosterkirche beigesetzt. Bei der Zerstörung des Klosters im Dreißigjährigen Krieg wurde das Grab von Schutt bedeckt, und heute weiß niemand mehr, wo die edle Frau ruht. Aber immer nach dem Gebetläuten in der Allerseelenzeit geht eine weiße Frauengestalt traurig durch die Ruine und dann über die Äcker und weiter den Berg hinunter auf Ölsbach zu. Man sagt, das sei der Geist der Pfalzgräfin, die wegen des zerstörten Klosters weint.

Spukkirche Gnadenberg

NEUMARKT
Burgruine Wolfstein

Die Burg auf dem landschaftlich sehr schönen Wolfsteinberg, dessen Flanken nach drei Seiten steil abfallen, liegt drei Kilometer nördlich von Neumarkt und stand bereits 1160. Der 40 Meter hohe romanische Bergfried ist erhalten. Aus gotischer Zeit stehen noch ein Teil des Schildwalles, ein Torturm sowie Reste der Palasmauern. In früheren Zeiten soll es in etwa zweieinhalb Kilometer Abstand um die Burg noch eine riesige zweite Mauer gegeben haben, und auf diesem Areal soll es bis heute nicht geheuer sein:

Einer der Wolfsteiner Grafen hatte es mit dem Teufel. Der unterstützte ihn in allem, was er unternahm. Doch als Gegenleistung mußte der Burgherr dem Leibhaftigen sein erstgeborenes Kind versprechen. Als der Knabe geboren wurde, kam der Teufel und wollte seinen Lohn haben. Doch der Graf bat sich noch einen Tag Bedenkzeit aus. Er ließ einen Priester kommen, um den Leibhaftigen zu vertreiben. Der Geistliche befahl ihm, sein Schwert zu werfen, so weit er nur könne. Der Graf schleuderte das Schwert eine Wegstrecke von einer halben Stunde weit. Innerhalb dieser Entfernung hatte der Teufel nun keine Macht mehr. Eine halbe Wegstunde vom Schloß entfernt ließ der Burgherr nun eine Ringmauer aufrichten: die wurde Teufelsmauer genannt.

Ruinenrest von Wolfstein

NEUSTADT AN DER WALDNAAB

Totenerscheinungen in der Friedhofskapelle

Auf dem alten Friedhof der Glasmacherstadt steht die Kapelle „Zur heiligen Dreifaltigkeit", die im Jahr 1662 errichtet wurde. Mehrere Altäre und Grabtafeln des 17. Jahrhunderts sind erhalten, ebenso eine hölzerne Empore mit geheimnisvollen Schnitzwerken. Die Altäre, Epitaphen und uralten Bildnisse bilden den Rahmen für das Auftreten von Gespenstern, wie die lokale Überlieferung weiß:

Manche, die um Mitternacht an der Friedhofskapelle vorübergingen, sahen das Innere unvermittelt erleuchtet. Wenn sie ihre Furcht überwanden und eintraten, erblickten sie im Kirchenschiff die zuletzt verstorbenen Menschen der Gemeinde. Auf dem Altar aber brannten Kerzen, welche für die noch Lebenden standen. Wessen Licht zuerst erlosch, der mußte als nächster sterben. Ein Toter, der dem Besucher bei der Tür entgegentrat, nannte in hauchendem Tonfall den Namen dieses betreffenden Menschen.

Die in der Kapelle erscheinenden Verstorbenen scheinen also hellseherische Fähigkeiten zu besitzen und durch die Schleier von Zeit und Raum zu schauen. Möglicherweise ist in der Sage, die wohl nicht zufällig in einer Glasmacherstadt angesiedelt ist, vorchristlich-keltisches Wissen um sogenannte „gläserne Orte" niedergelegt: Plätze mit besonderen Kräften, wo die Schranken der gewöhnlichen Wahrnehmung durchsichtig werden – und dann eben den Blick in jenseitige oder andersweltliche Regionen ermöglichen.

Friedhofskapelle

NITTENAU

Ritter, Seelenvögel und Roßgeister auf Stockenfels

Etwa zehn Kilometer westlich von Nittenau erhebt sich über einem Hügel auf dem rechten Regenufer (genau gegenüber Marienthal) die im 13. Jahrhundert errichtete und im 17. Jahrhundert verfallene Burg Stockenfels, auf der die Geister zuhauf umgehen sollen. Am besten stimmt eine Fahrt mit dem Fährkahn vom Gasthaus Marienthal auf einen Besuch der Ruine ein, von der die Sage Schauriges berichtet:

Die Geister hausen in den unterirdischen Gängen, zeigen sich aber auch in den verfallenen Fensterhöhlen oder im Burghof. Man hört nächtens den wütenden Lärm ihrer Zechgelage und sieht sie als dunkle Gestalten wandeln. Sie haben feurige Augen, tragen rasselnde Ketten und sind oft begleitet von der Wilden Jagd. Vor der Burg sind die Namen der geisterhaften Bewohner auf steinernen Tafeln eingemeißelt. Nachts schauen die untoten Ritter herab auf den Fluß, manchmal verfallen sie aufs Kegelscheiben, und dann hört man es fürchterlich aus den geheimen Gewölben der Ruine krachen. Im Schloßweiher tauchen nachts Lichter auf, die zu schwarzen Vögeln werden und dabei wehklagen, weil diese Seelen erlöst werden wollen. Ebenso zeigen sich in der Nähe der in Trümmern liegenden Burg oft weiße Geisterpferde. Während der Sommermonate gibt es die Möglichkeit, an gruseligen Nachtwanderungen nach Stockenfels teilzunehmen. Einzelheiten sind im Fremdenverkehrsamt Nittenau zu erfahren.

Burg Stockenfels

REGENSBURG

Gespenster- und Sagenplätze aus zwei Jahrtausenden

Die Regensburger Geschichte reicht gut zwei Jahrtausende zurück. Archäologisch gesichert ist bereits die Keltenstadt Radasbona. Später, im Jahr 179 n. d. Z., errichteten die Römer das Legionslager Castra Regina. Aus dem Mittelalter stammt der berühmte Dom, der – über mehrere Vorgängerbauten – wahrscheinlich bis ins 8. Jahrhundert datiert.

„Teufel und Großmutter" im Dom

Beiderseits des Innenportals lauern zwei grauenhafte Ungeheuer: ein drachenartiger Basilisk und ein Monster mit Frauenantlitz und riesigen, halb unter einem Umhang verborgenen Tatzen. Die dämonischen Wesen heißen im Volksmund „Teufel und Großmutter". Nach dem alten Glauben besaßen sie magische Kräfte: sollten als sogenannte apotropäische Figuren Unheil abwehren. Für die Dombesucher heute sind sie schaurige Wegweiser zu weiteren gespenstischen Orten in Regensburg.

REGENSBURG
Dollinger und Krako

Eine berühmte Stadtsage mit dämonischem Hintergrund rankt sich um eine monumentale Steinplastik im „Dollingersaal“ (Altes Rathaus), auf der zwei turnierende Ritter zu sehen sind:

Im Jahr 930 kam eine ungarische Gesandtschaft nach Regensburg, um mit König Heinrich I. wegen eines neunjährigen Waffenstillstands zu verhandeln. Unter den Ungarn befand sich ein Held namens Krako, zehn Schuh groß, mit einem Panzer aus Elefantenhaut, die mit Eisenschuppen benagelt war. Dreieinhalb Ellen lang war sein Speer, sein Schwert so breit wie eine Männerhand. Von seinem spiegelblanken Schild aber grinste die Fratze eines geflügelten Teufels. Dieser Krako, der schon 40 Ritter besiegt hatte, forderte nun die Mannen um König Heinrich heraus, doch keiner wagte den Kampf. Diese Schmach drang bis ins Gefängnis, wo der Patrizier Hans Dollinger wegen Majestätsbeleidigung lag. Der edle Dollinger erbot sich, gegen Krako zu kämpfen, und dankbar stattete ihn der Kaiser mit Pferd und Rüstung aus.

Dreimal ritten die Gegner auf dem Haidplatz aufeinander los. Zweimal stach Krako den Dollinger vom Roß. Denn der Regensburger Kämpfer sah sich jedesmal von zwei Rittern angegriffen, zwischen denen der Teufel grinste, so daß er nicht wußte, gegen welchen er stechen sollte. Da ließ Hans Dollinger ein Kreuz neben der Kampfbahn aufstellen, und nun war der Teufelszauber machtlos. Im dritten Stechen drang die Lanzenspitze des Dollinger durch Krakos Ohr in dessen Schädel, und der Riese stürzte tot vom Roß.

Ritter Dollinger

Ungar Krako

REGENSBURG

„Fragstatt“ im historischen Rathaus

Das Alte Rathaus (Fußgängerzone zwischen Kohlenmarkt und Haidplatz) geht teilweise auf das 13. Jahrhundert zurück; hier tagte der „Immerwährende Reichstag“. Zwei in Stein gehauene Kriegsknechte links und rechts über dem Portal sollten die Gesandten und Ratsherren „magisch“ beschützen; im Volksmund werden die Landsknechte von 1408 „Schutz“ und „Trutz“ genannt.

Im Inneren des Gebäudes ist vor allem die „Wachkammer“ mit der angrenzenden „Fragstatt“ hochinteressant. Im ehemaligen Quartier der Stadtwächter und Büttel sind noch immer Henkersschwerter, Halseisen und Schandmasken zu sehen. Auch ist dort ein Stab aufbewahrt, der im Jahr 1625 über einen Delinquenten gebrochen wurde, womit das Todesurteil rechtskräftig war. Die „Fragstatt“ war von 1532 bis 1769 Folterkammer der Stadt. Die schrecklichen Werkzeuge für die Tortur wie Wippgalgen, Nagelstuhl oder Streckbank sind erhalten. Ebenso ist die ursprüngliche Aufteilung des Raumes in einen Bereich für die Gefolterten und einen anderen für die Richter und Schreiber, die nicht in direkten Kontakt mit ihren Opfern kommen wollten, bewahrt worden. In der Fragstatt wurden unter anderem Hexen- und Ketzertribunale durchgeführt; zahlreiche unschuldige Menschen fanden aufgrund der auf der Folter erzwungenen Geständnisse einen grauenhaften Tod.

Deswegen sollen in den finsteren Räumlichkeiten des Alten Rathauses und im benachbarten „Roten Herzfleck“, der ehemaligen Todeszelle der Reichsstadt, auch immer wieder unerklärliche Phänomene beobachtet worden sein.

Reichsstädtische
Folterkammer

REGENSBURG

Schottenkirche mit keltischem Rätselportal

Das Portal der „Schottenkirche“ beim Kloster St. Jakob (westliche Altstadt) wurde 1185 - 90 gemeißelt und zeigt mehr als 150 Figuren, die sich bis heute einer endgültigen Deutung entziehen. Sicher ist nur, daß hier von den schottischen Erbauern keltisches und durchaus auch heidnisches Erbe von phantastischer „surrealer“ Ausdruckskraft eingebracht wurde, und daß es bei den Skulpturen wohl um eine Art von Weltengericht am „Jüngsten Tag“ geht.

Doch im Gegensatz zur christlichen Darstellung dieser Thematik besitzt das Schottenportal eine tiefere Dimension: Die keltische Anders- oder Parallelwelt scheint sich mit der realen zu verflechten und auf dem Weg über die steinernen „Knoten“ und „Ranken“ sowie die „Weltenbäume“ der Säulen (Symbole für den ewigen Kreislauf und die unendliche Lebenskraft des Kosmos) ungeheuerliche Figuren auszugebären: animalisch-spirituelle Wesen, die durch mehrere Daseinsebenen changieren.

Rechts an der Innenseite des Tores ist die Darstellung eines Mönches mit einem länglichen Gegenstand (Richtscheit eines Baumeisters) in den Händen zu sehen, der laut Überlieferung als Schöpfer des Portals gilt und durch eine Inschrift als ein Mann namens Rydan ausgewiesen ist. Eine Sage scheint darauf hinzuweisen, daß der Bildhauer ganz so christlich nicht empfand: Nachdem Rydan sein (letztlich heidnisches?) Werk beendet hatte, habe er versucht, aus dem Kloster zu entfliehen. Er habe sich dabei aber ein Bein gebrochen und sei wenig später am Wundbrand verstorben.

Der Geist dieses keltischen Magiers Rydan jedoch schlägt den Betrachter bis heute in seinen Bann.

Keltisches Antlitz

REGENSBURG
„Klogmuada" bei der Kapelle in Pentling

Mit der alten Dorfkapelle im Ortskern von Pentling (die Gemeinde liegt am südlichen Stadtrand von Regensburg) ist eine schaurige Gespenstergeschichte mit handfestem Hintergrund verknüpft.

Sehr oft wurde bei diesem Sakralgebäude um Mitternacht ein kleingewachsenes altes Weib von ausgesprochen häßlichem Aussehen beobachtet, das wispernd herumhuschte. Der Volksmund bezeichnet dieses Gespenst bis heute als „Klogmuada". Der Geist soll sich über viele Generationen hinweg gezeigt haben, und sein Erscheinen warnte nach der lokalen Erfahrung vor einem baldigen Todesfall oder einem an-deren großen Unglück.

Mitte der siebziger Jahre unseres Jahrhunderts nahm die Wiedergängerin urplötzlich noch einmal ganz konkret Gestalt an. Als direkt neben der Kapelle Erdarbeiten ausgeführt wurden, stießen die Arbeiter in etwa einem halben Meter Tiefe auf ein vollständiges menschliches Skelett: das einer kleinen, alten Frau. Die Unglückliche war sicher nicht legal beigesetzt worden; vielmehr deuteten die Indizien darauf hin, daß sie vor sehr langer Zeit zum Opfer eines Verbrechens wurde und die Täter sie bei der Kapelle verscharrten.

Die tradierten Gespenstererscheinungen könnten dadurch ihre Erklärung gefunden haben: Die gewaltsam zu Tode gekommene Frau war möglicherweise immer wieder aus ihrem verschollenen Grab „ausgebrochen". Nach der Entfernung des Skeletts jedenfalls soll sich der Geist nicht mehr in Pentling gezeigt haben.

Schauplatz der
Pentlinger Geistererscheinung

RODING

Burgverlies zwischen haushohen Felsen

Elf Kilometer südwestlich von Roding liegt der kleine Ort Zell. Hoch über dem Dorf thront auf gigantischen kugeligen Granitformationen, die scheinbar von einer überirdischen Macht zusammengetragen wurden, die Ruine Lobenstein. Sie ist eine Gründung des 10. Jahrhunderts und reicht damit in die Zeit der Ungarnkriege zurück, als der Burgenbau in Bayern überhaupt erst aufkam. Von 1340 bis 1629 war die Festung im Besitz des Geschlechts der Hofer von Lobenstein; 1633 wurde die Burg von den Schweden zerstört.

Der mächtige Wohnturm kann trotzdem noch immer bestiegen werden und bietet dann einen grandiosen Weitblick. Schaurig hingegen wird es, wenn man sich in das Verlies unter dem einstigen Donjon wagt. Eine teilweise verschüttete Stiege (Vorsicht! Auf keinen Fall allein hinabklettern!) führt vom Erdgeschoß des Turmes in einen Hohlraum direkt zwischen den runden Felsen. Hier schmachteten in früheren Jahrhunderten die Opfer der Feudalherren; an diesem Ort wurde mit Sicherheit gefoltert, starben Menschen einen schrecklichen Tod.

Eine magisch-kultische Ausstrahlung besitzt dagegen das Areal unmittelbar um die Ruine. Die hier liegenden riesigen Findlinge bilden ein sehr ungewöhnliches Naturdenkmal, das in heidnischer Zeit vermutlich als „Tempel“ und „Brücke zu den Göttern“ diente.

Ruine Lobenstein

ROTHENSTADT
Gruftkapelle mit adligen Gespenstern

Das Dorf Rothenstadt liegt etwa sechs Kilometer südlich von Weiden und birgt ein schauriges Friedhofsareal. Schon die frühgotische Pfarrkirche ist sehenswert, denn sie erinnert mit ihrer martialischen Wehrmauer an Kriege und Gemetzel früherer Zeiten. Im Inneren befinden sich Epitaphien des 17. und 18. Jahrhunderts.

Wahrlich gespenstisch aber wird es auf einem Hügel nahebei, wo sich die Gruftkapelle der Herren von Satzenhofen erhebt, deren Schlößchen auf mittelalterlichen Fundamenten wiederum ganz in der Nähe steht. Die Gruftkapelle selbst, von düsterem und verwildertem Baumbestand umgeben, macht einen bedrohlichen und zutiefst jenseitigen Eindruck – möglicherweise hängt dies mit den im Inneren befindlichen Grablegen der ehemals hier als Hofmarksherren mit eigener Gerichtsbarkeit herrschenden Adligen zusammen.

Von ihnen nämlich munkeln die Einheimischen, sie seien in ihren Grüften nicht wirklich zur ewigen Ruhe gekommen und würden sich in bestimmten Nächten als schemenhafte Gestalten außerhalb der Kapelle zeigen. Vor allem in der Zeit um Allerseelen soll es deshalb auf dem Begräbnishügel alles andere als geheuer sein.

Gruftkapelle

TIRSCHENREUTH
Teufelsfelsen bei der Mühle

Der sogenannte Teufelsfelsen liegt ein kleines Stück westlich von Tirschenreuth nahe einer Mühle im offenen Feld (am besten fragt man vor Ort nach dem Weg). Dort soll es nicht geheuer sein, und bereits der Anblick der riesigen Steinformation erweckt diesen Eindruck. Fladenartig sind die Felsplatten übereinandergeschichtet; von bestimmten Perspektiven aus scheinen sie Drachenmäuler oder Saurierschädel vorzustrecken. Das eigentliche Geheimnis jedoch verbirgt sich auf dem obersten Stein: dort befinden sich zwei offenbar künstlich geschaffene Mulden. Die Volksüberlieferung erklärt sie auf schaurige Weise:

Wenn man oben ist, findet man zwei glatte Vertiefungen von gleicher Größe, und die muß man fürchten! Denn es sind die Spuren des Teufels und seiner Gattin, die sich hier auszuruhen pflegen. Auch ein Pudel mit feurigen Augen und feuriger Zunge geht hier um!

Der Teufelsfelsen ist nicht leicht zu besteigen; mit einiger Übung im Klettern kann man es aber von einer Seite her schaffen. Falls man einiges archäologisches Wissen besitzt, wird man dann feststellen, daß es sich bei den „satanischen Spuren“ in Wahrheit um heidnische Opfermulden handelt. Vor Jahrtausenden wurden den Göttern hier oben Gaben dargebracht. Die eine Schüssel „gehörte“ ursprünglich wohl der Sonne, die andere dem Mond; entsprechend wurde später in keltischer Zeit der Kontakt zur Frühjahrs- und Sommergöttin Beltane sowie zum Herbst- und Wintergott Samhain gesucht.

Tirschenreuther
Kultfelsen

WALDMÜNCHEN

Verborgene Keller und Gewölbe

Die Stadterhebungsurkunde Waldmünchens datiert von 1256; damals sicherte der ummauerte Grenzort die Handelsstraße von Nürnberg nach Prag. Im Verlauf seiner Geschichte wurde Waldmünchen mehrmals zerstört, so auch im Österreichischen Erbfolgekrieg (18. Jahrhundert), als die Panduren (kroatische Söldner Österreichs) unter ihrem legendären Obristen Trenck barbarisch hier hausten. An das Wüten des satanischen Marodeurs erinnert ein Festspiel, das jedes Jahr in den Juli- und Augustwochen aufgeführt wird.

Oberirdisch hat sich von der Befestigung der damals so schlimm in Mitleidenschaft gezogenen Stadt kaum etwas erhalten, unterirdisch dagegen um so mehr. Denn ebenso wie mehrere böhmische Kleinstädte (Taus oder Klattau) jenseits der Grenze, besitzt auch Waldmünchen quasi eine verborgene „tiefere Ebene“. Unter dem historischen Ortskern befinden sich nämlich zahlreiche teils noch mittelalterliche Gewölbe, die durch oft sehr raffiniert angelegte Stollen miteinander verbunden sind. In früheren Jahrhunderten dienten diese geheimen Anlagen zum Schutz der Bürger in Kriegszeiten – aber auch als Basis für überraschende Attacken aus dem Hinterhalt, wenn der Feind bereits innerhalb der Mauern war.

Die Keller und Stollen, die heute manchmal noch als Lagerräume genutzt werden, sind natürlich nicht ohne weiteres zugänglich, doch lassen sich mit Hilfe des Fremdenverkehrsamtes oder beim privaten Gespräch mit den Einheimischen durchaus gewisse Arrangements treffen.

Uraltes Kellergewölbe

Faszinierende Stollen
unterminieren Waldmünchen

WALDSASSEN

Mönchsgruft und Lämmerwiesen-Apokalypse

Die 1133 gegründete Zisterzienserabtei Waldsassen beherrschte über Jahrhunderte das sogenannte Stiftland. Mit dem Ort ist eine Weltuntergangssage verknüpft. Ferner befindet sich unter der Klosterbasilika die größte Gruftanlage Deutschlands: ein wahrlich schauriger Ort.

Die dort beigesetzten Mönche – unter ihnen entsetzliche Sünder – sollen zu bestimmten Zeiten ihre Grabstätten verlassen und auf furchteinflößende Weise in den uralten Gewölben spuken: vor allem in der Zeit um Allerheiligen und dann wieder während der Rauhnächte im Jahreswechsel. Angeblich erwarten die untoten Mönche hier auch die Apokalypse und werden sich, aus ihrer Gruft steigend, an diesem fürchterlichen Endzeitkampf beteiligen.

Dieser soll auf der Lämmerwiese zu Waldsassen unter Führung Karls des Großen stattfinden. Es heißt, daß Karl im Ochsenkopf (Fichtelgebirge) in einem Kristallsaal schlafe. Wenn am Ende der Zeiten die Christen so zusammengeschmolzen seien, daß sie allesamt unter einem einzigen Baum Platz fänden, werde Kaiser Karl den Berg verlassen, den Christen zu Hilfe kommen und sie von Sieg zu Sieg führen. Auf der Lämmerwiese in Waldsassen finde der letzte Kampf statt. Er werde so furchtbar sein, daß das vergossene Blut in Bächen abfließe. Nach dem endgültigen Sieg der Christen komme der Untergang der Welt.

Grausige Skulptur

Waldsassener Mönchsgruft

WOLFSEGG

„Weiße Frau" von Wolfsegg

Das Burgdorf Wolfsegg liegt etwa acht Kilometer südlich von Kallmünz. Die Wehranlage aus dem späten 13. Jahrhundert wurde nie zerstört, weil die Sümpfe um den Ort das Heranschaffen von schweren Waffen verhinderten. Die gesamte Burg ist heute Museum: Palas und Wehrturm sind mit ihrer historischen Einrichtung zu besichtigen; weiter u. a. ein Schutzgang innerhalb der meterdicken Mauern sowie Verliese und Kasematten. In diesem Kellerteil des Museums sind auch Bärenknochen und der Schädel eines Kindes aufbewahrt; beides wurde in einer 35 Meter tiefen Tropfsteinhöhle unter der Burg entdeckt. Außerhalb der Schildmauer steht die Burgkapelle aus dem 14. Jahrhundert, die einst durch einen unterirdischen Gang mit dem Hauptbau verbunden gewesen sein soll. Eine der bekanntesten Oberpfälzer Sagen erinnert an eine schreckliche Mordtat, die sich im Mittelalter auf Wolfsegg ereignete:

In der Burg ist nachts oft die Gestalt einer weißen Frau zu sehen. Es handelt sich um eine Gräfin aus dem Hause Laaber, die einstmals ihren Gatten mit einem anderen Mann betrog. Der Burgherr ertappte die beiden. Er erstach den Nebenbuhler, der ein Bischof gewesen sein soll, und tötete auch die Frau. Dann verscharrte er die Leiche seiner ungetreuen Gattin in einem Gang, der von der Burg zur Kapelle führte, und schüttete auch den Gang zu. Dort findet aber die Seele keine Ruhe und muß deshalb nachts im Burghof und in der Burg selbst als Weiße Frau geistern.

Verschiedene noch lebende Bürger Wolfseggs wollen die Weiße Frau – bzw. unerklärliche Lichterscheinungen in der Festung – bis in die unmittelbare Gegenwart herauf mit eigenen Augen gesehen haben.

Darstellung der Weißen Frau

Wolfsegg bei Nacht

WÖRTH AN DER DONAU

Die Brennberger „Herzmäre“

Der kleine Ort Brennberg (ca. 12 Kilometer nördlich von Wörth) wird von einer eindrucksvollen tausendjährigen Burgruine überhöht. Zu den hochmittelalterlichen Besitzern gehörte der Minnesänger Reimar III., dessen tragisches Schicksal in der sagenhaften „Herzmäre“ niedergelegt ist. Der Ritter und seine heimliche Geliebte müssen schrecklich für ihre verbotene Leidenschaft büßen: Er wird von mißgünstigen Neidern eingekerkert und ermordet, sein Herz sodann der Frau als gräßliches Mahl vorgesetzt. Hier eine Liedfassung des 15. Jahrhunderts:

Ich hab gewacht ein winterlange nacht,
dazu hat mich ein frewlein bracht
mit jren weissen prüsten,
darnach thet mich gelüsten.
Die Fraw was schon, ihr hendt die waren weiß,
darauff legt der knab sejn fleiß,
sein Hertz und all seyn sinne,
mit jr wolt er von hinne.

Dem frewlejn kamen leydige Mär,
wie das jr bul gefangen wer,
in einen turm geworffen,
darinnen gar hart beschlossen.

Darin lag er wol siben jar,
sein Barth wart weiß, sein har wardt graw,
Sein mund was jm verplichen,
von der lieben abgewichen.

Mann legt den bremberger auff ein tisch,
schneid jn zu ryemen wie ein fisch,
sein hertz gab mann zu essen,
der Frawen inn einem schwartzen pfeffer.

Hab ich hie gessen, das junge hertze sein,
so schenket mir ein den külen wein
und last mich darauff trinken,
mein hertz will mir versincken.

Den Becher satzt sie ann den mundt,
und tranck jhn auß biß an den grundt,
neyget sich gegen der wende,
nam gar ein seliges ende.

Burgruine Brennberg

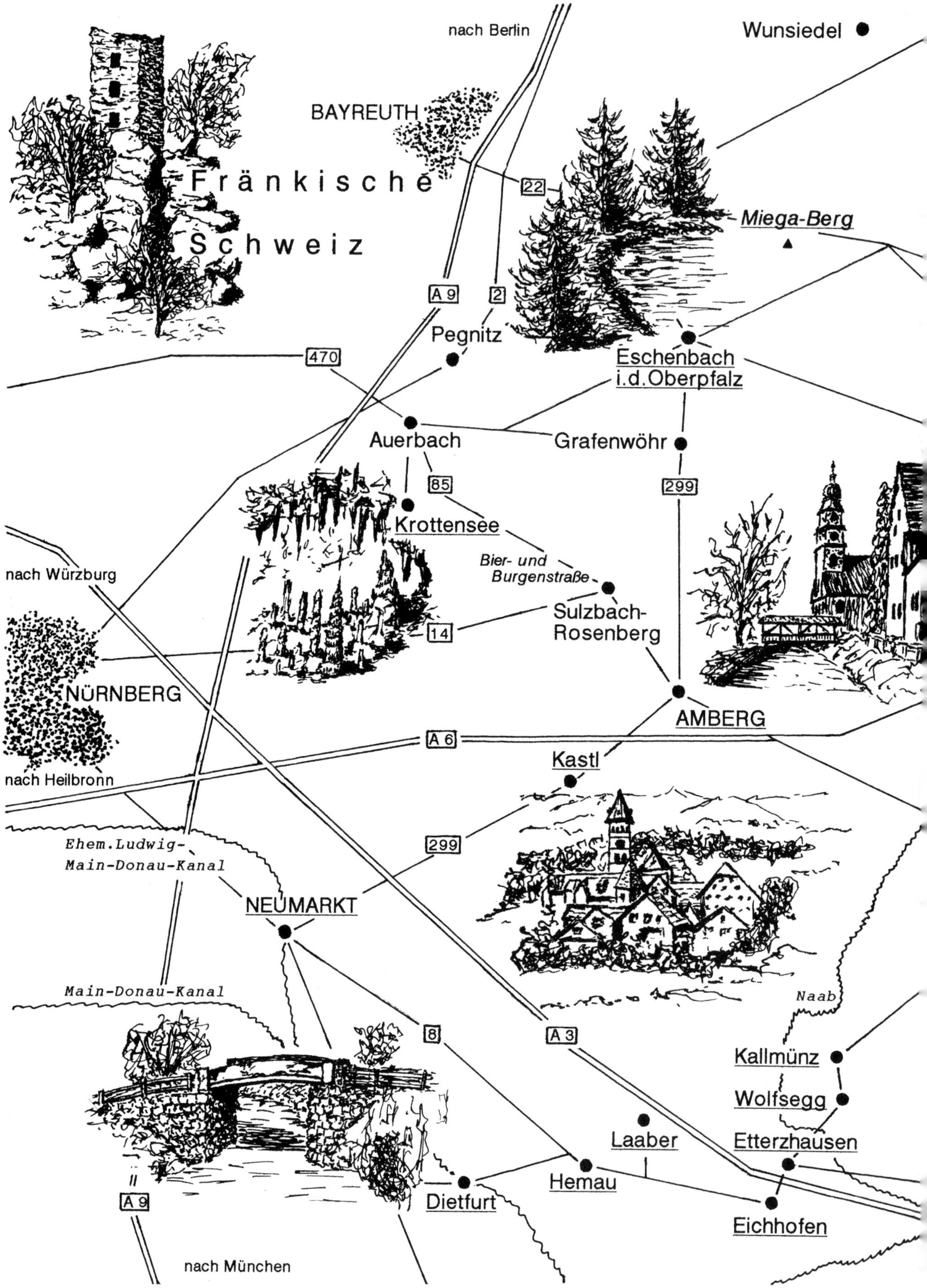

nach Berlin
Wunsiedel
BAYREUTH
Fränkische
Schweiz
22
Miega-Berg
A 9
2
Pegnitz
470
Eschenbach
i.d.Oberpfalz
Auerbach
Grafenwöhr
85
299
Krottensee
nach Würzburg
Bier- und
Burgenstraße
Sulzbach-
Rosenberg
14
NÜRNBERG
AMBERG
A 6
nach Heilbronn
Kastl
Ehem.Ludwig-
Main-Donau-Kanal
299
NEUMARKT
Main-Donau-Kanal
Naab
8
A 3
Kallmünz
Wolfsegg
Laaber
Etterzhausen
Hemau
Dietfurt
A 9
Eichhofen
nach München

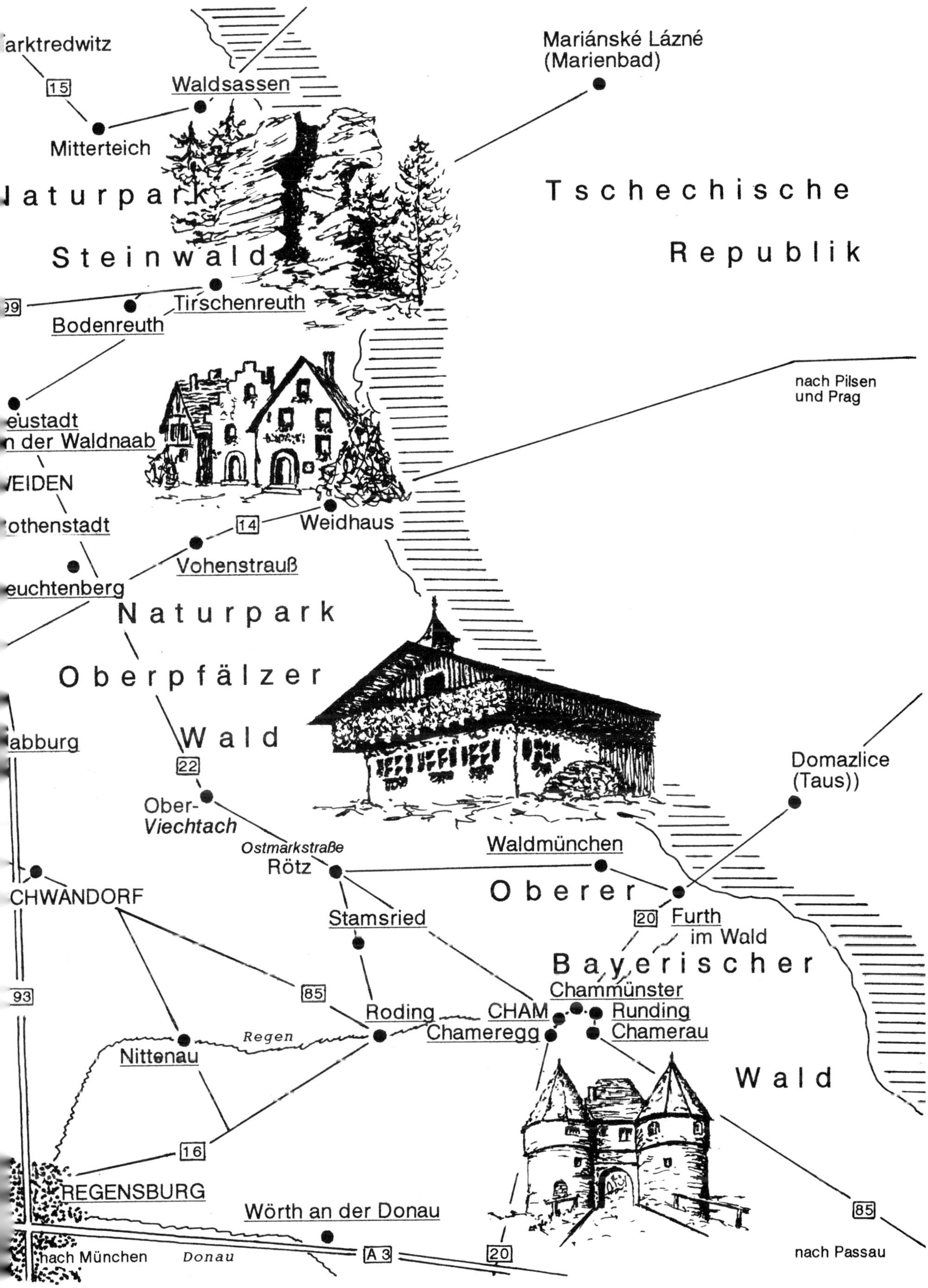

arktredwitz
15
Waldsassen
Mariánské Lázné
(Marienbad)
Mitterteich
Naturpark
Steinwald
Tschechische
Republik
99
Tirschenreuth
Bodenreuth
nach Pilsen
und Prag
eustadt
n der Waldnaab
VEIDEN
othenstadt
14
Weidhaus
Vohenstrauß
euchtenberg
Naturpark
Oberpfälzer
Wald
abburg
22
Domazlice
(Taus))
Ober-
Viechtach
Ostmarkstraße
Rötz
Waldmünchen
CHWANDORF
Oberer
20
Furth
im Wald
Stamsried
Bayerischer
93
85
Chammünster
Roding
CHAM
Runding
Chamerego
Chamerau
Regen
Nittenau
Wald
16
REGENSBURG
Wörth an der Donau
85
nach München
Donau
A 3
20
nach Passau

Literaturhinweise

Das unumstrittene Standartwerk über die Sagen der Oberpfalz stammt aus der Feder von Emmi Böck: „Sagen aus der Oberpfalz", Regensburg 1986. Ebenfalls unverzichtbar ist für die Stadt Regensburg Karl Bauers „Regensburg - Geschichte und Geschichten„, Regensburg 1980. Weitere gute Bücher zum Thema: Josef Fendl: „Burgen und Ritter rund um Regensburg", Regensburg 1984, Ursula Pfistermeister: „Burgen der Oberpfalz„, Regensburg 1974 sowie Günther T. Werner: „Burgen, Schlösser und Ruinen im Bayerischen Wald", Regensburg 1987. An klassischen Werken wird empfohlen: Franz Xaver von Schönwerth: „Aus der Oberpfalz. Sitten und Sagen", Hildesheim und New York 1977 und „Oberpfälzische Sagen, Legenden, Märchen und Schwänke", Kallmünz 1959. Schließlich Alexander Schöppner: „Bayerische Sagen", München 1979.

Manfred Böckl : Romane im SüdOst Verlag

Anno 1699: Ein Mönch verfolgt die „Teufelsbuhlinnen“ bis die Hexenfeuer brennen...

Manfred Böckl
Der Hexenstein - ein Roman aus dunkler Zeit
232 Seiten, Hardcover, DM 29,80
ISBN 3-89632-002-8

Anno 1435: Agnes Bernauer, die Geliebte Albrechts von Wittelsbach, wird in der Donau ertränkt, eine große Liebe endet tragisch.

Manfred Böckl
Agnes Bernauer - Hexe, Hur und Herzogin
278 Seiten, Hardcover, DM 29,80
ISBN 3-89682-987-4

Anno 1753: Matthias Lang alias Mühlhiasl wird geboren, vielleicht der größte Seher, den Deutschland jemals hervorgebracht hat. In einer historischen und parapsychologischen Zeitreise beschreibt der Autor dessen Leben.

Manfred Böckl
Mühlhiasl - Der Seher vom Rabenstein
286 Seiten, Hardcover, DM 29,80
ISBN 3-89682-988-2

Walther Zeitler: die Oberpfalz im SüdOst Verlag

Der erfolgreiche Schriftsteller und Fotograf Walther Zeitler vermittelt in diesem Buch mit großer Sachkenntnis ein Bild seiner Heimat. Stadt und Natur, Menschen und Landschaften, Zeugnisse von Kunst, Handwerk und Industrie werden einer gelungenen Mischung aus informativen Texten und ausgezeichneten Fotos umfassend dargestellt.

Walther Zeitler
Unsere schöne Oberpfalz - Landschaft, Menschen, Kunst und Kultur
Hardcover, 128 Seiten, DM 29,80
ISBN 3-89682-954-8